IL GRANDE INQUISITORE

FEDOR DOSTOEVSKIJ

Copyright © 2019 All rights reserved.
Quest'opera è tutelata dalla Legge sul diritto d'autore.
Ogni riproduzione, anche parziale, è reato perseguito.

INTRODUZIONE.

Il Grande Inquisitore, è un capitolo del romanzo "I Fratelli Karamazov".
Il romanzo fu completato dallo scrittore nel 1880, pochi mesi prima di morire, e questo capitolo è dipinto a tinte forti dallo stile narrativo policentrico di Fëdor Dostoevskij; uno stile che altre volte è emerso dai suoi lavori, in cui il risultato non è una narrazione a protagonista unico ma piuttosto un'opera che nella sua interezza esprime uno scontro tra pensieri, formulati sempre nella totalità delle proprie sfumature.
Questa volta è Ivan Karamazov (arguto, ribelle, orgoglioso) che narra a suo fratello Alëša (spirituale, sensibile, religioso) una storia fantastica: nel XVI secolo Gesù ritorna tra gli uomini, a Siviglia, alla presenza del cardinale inquisitore che ha appena fatto bruciare un centinaio di anime eretiche. Qui l'autore si concentra su fede e ateismo (libertà o schiavitù?), e mostrando tutta la propria capacità filosofica, esprime il conflitto che anche nella vita reale lui stesso conduceva tra la gioia di vivere e la sofferta e incessante ricerca della verità.

In copertina: "La Grande Torre di Babele" (dettaglio) di P. Brueghel.

IL GRANDE INQUISITORE.

«Ma persino questo mio racconto ha bisogno di una premessa, cioè una premessa letteraria, uff!», scoppiò a ridere Ivan. «Sapessi che grande autore sono! Vedi, l'azione si svolge nel XVI secolo. A quel tempo, e tu del resto dovresti ricordarlo per averlo studiato a scuola, c'era l'abitudine, nelle opere di poesia, di portare sulla terra le forze celesti. Per non parlare di Dante! In Francia, gli scrivani dei tribunali, come anche i monaci dei conventi, inscenavano vere e proprie rappresentazioni nelle quali si portavano sul palcoscenico la Madonna, gli angeli e i santi, Gesù Cristo e persino Dio. A quel tempo lo facevano con grande ingenuità. In *Notre-Dame de Paris* di Victor Hugo, a Parigi, al tempo di Luigi XI fu organizzato uno spettacolo edificante e gratuito per il popolo nella sala del Municipio in onore della nascita del delfino francese, e lo spettacolo era intitolato: "*Le bon jugement de la très sainte et gracieuse Vierge Marie*", dove appariva la Vergine Maria in persona a pronunciare il suo *bon jugement*. Da noi, a Mosca, nell'età anteriore a Pietro il Grande, di tanto in tanto si mettevano in scena rappresentazioni dello stesso genere, soprattutto tratte dal Vecchio Testamento; ma, a quel tempo, oltre alle rappresentazioni teatrali, in tutto il mondo circolavano racconti e versi nei quali comparivano, all'occorrenza, santi, angeli e tutte le forze celesti. Nei nostri monasteri si traducevano, si copiavano e, addirittura, si componevano opere di questo genere fin dai tempi della dominazione tartara. Esiste, per esempio, un poemetto scritto in un monastero (ovviamente tradotto dal greco): "*Il pellegrinaggio della Madre di Dio attraverso le pene*", che presenta una potenza di immagini e un'arditezza non inferiori a quelle dantesche. La Madonna visita l'inferno, ed è l'arcangelo Michele a guidarla "fra le pene". Lei vede i peccatori e i loro tormenti. Fra gli altri, vede una nutrita schiera di peccatori in un lago di fuoco: quelli fra loro che affondano nel lago e non riescono a riemergere, sono "già dimenticati da Dio": espressione di eccezionale forza e profondità. Ed ecco che la Vergine, sconvolta e piangente, cade in ginocchio dinanzi al trono di Dio e chiede la grazia per tutti i peccatori dell'inferno che ha visto, per tutti, senza distinzioni. La sua conversazione con Dio è di estremo interesse. Maria supplica, non desiste, e quando Dio le mostra le mani e i piedi del Figlio con le ferite dei chiodi della croce e domanda: "Come posso perdonare i suoi torturatori?", allora Lei ordina a tutti i santi, a tutti i martiri, a tutti gli angeli e gli arcangeli di cadere in ginocchio insieme a lei e pregare perché sia concessa la grazia a tutti senza distinzioni. Alla fine impetra da Dio la sospensione delle pene dal Venerdì Santo al giorno della Santissima Trinità di ogni anno, e i peccatori dall'inferno ringraziano Dio e innalzano a lui inni di lode: "Giusto sei tu, o Signore, che così giudicasti".

Ecco, anche il mio poemetto sarebbe stato di questo genere se fosse apparso a quel tempo. Nel mio poema Lui appare sulla scena, anche se poi non dice nulla, fa la sua comparsa e va via.

Sono passati quindici secoli da quando Egli ha promesso che sarebbe tornato nel suo regno, quindici secoli da quando il suo profeta aveva scritto: "Un altro poco e mi vedrete"; "In quanto poi a quel giorno e a quell'ora nessuno li sa, né gli angeli del cielo, né il Figlio, ma solo il Padre", come Egli stesso aveva predetto quando era sulla terra. Ma l'umanità lo aspetta con la stessa fede e la stessa commozione. Anzi, forse, con più fede di prima, giacché sono passati quindici secoli da quando sono cessati i segni celesti per l'uomo:

Abbi fede nei suggerimenti del cuore
Perché i cieli non danno più segni.

Non era rimasto altro che la fede nei suggerimenti del cuore! È pur vero che a quel tempo si compivano molti miracoli. C'erano santi che compivano guarigioni miracolose; alcuni giusti, a quanto si dice nelle loro biografie, venivano visitati dalla Regina dei Cieli. Ma il diavolo non sonnecchiava e nell'umanità si affacciavano già dubbi sull'autenticità di quei miracoli. Proprio allora, al nord, in Germania si affermò una nuova terribile eresia. Un'enorme stella "ardente come fiaccola" (cioè come la Chiesa) "cadde sulle sorgenti d'acqua ed esse divennero amare". Questi eretici cominciarono a negare i miracoli in modo blasfemo. Ma quelli che rimasero fedeli, credettero con maggior fervore. Le lacrime dell'umanità si innalzarono a lui come prima, lo aspettavano, lo amavano, speravano in lui, anelavano a soffrire e morire per lui, come prima... Erano ormai tanti secoli che l'umanità pregava con fede e fervore: "O Signore, manifestati a noi", tanti secoli che lo invocava, così egli infine, nella sua infinita misericordia, accondiscese a scendere dai suoi fedeli. Anche prima di quel giorno egli era sceso, aveva visitato alcuni giusti, martiri, santi ed eremiti, com'è scritto nelle loro "vite". Da noi, Tjutèev, con fede profonda nella verità delle proprie parole, dichiarò che

Con il fardello della croce
il Re Celeste nelle vesti di schiavo
ti attraversò tutta, Terra natia
distribuendo benedizioni.

Che sia stato sicuramente così, te lo assicuro. Ed ecco che egli sentì il desiderio di mostrarsi anche solo per un attimo al popolo, al popolo afflitto, sofferente, macchiato dal peccato, ma un popolo che lo amava come un bambino. L'azione si svolge in Spagna, a Siviglia, nel periodo più cupo dell'Inquisizione, quando ogni giorno bruciavano in quel paese roghi in nome di Dio e...

*Negli splendenti autodafé
i perversi eretici venivano bruciati.*

Oh, certo non si trattava della venuta nella quale egli ha promesso di manifestarsi alla fine dei secoli in tutta la sua gloria celeste, e che sarà "rapida come il lampo che brilla da oriente a occidente". No, egli ebbe il desiderio di visitare i suoi figli, sebbene per un solo istante, proprio laddove crepitavano i roghi degli eretici. Nella sua infinita misericordia, egli passa ancora una volta fra gli uomini assumendo quelle stesse spoglie umane sotto le quali era passato fra gli uomini per tre anni, quindici secoli prima. Egli scese proprio "sulle piazze roventi" di Siviglia, nella quale proprio il giorno prima, in uno "splendido autodafé", alla presenza del re, della corte, dei cavalieri, dei cardinali e delle magnifiche dame di corte, dinanzi all'innumerevole popolazione di tutta la città, il cardinale grande inquisitore aveva fatto bruciare quasi un centinaio di eretici *ad majorem gloriam Dei*. Egli compare senza trambusto, inosservato eppure tutti, e questo è molto strano, lo riconoscono. Potrebbe essere uno dei passi migliori del poema, voglio dire, cercare di capire come mai lo riconoscano tutti. Il popolo è irresistibilmente attratto da lui, lo circonda, s'ingrossa intorno a lui e lo segue. Egli passa attraverso la gente con un sorriso tranquillo di infinita compassione. Il sole dell'amore arde nel suo cuore, raggi di Luce, Sapienza e Potenza si irradiano dai suoi occhi e, riversandosi sugli uomini, suscitano nei loro cuori un moto di reciproco amore. Egli stende le mani sul popolo, lo benedice e il contatto con il suo corpo, persino solo con i suoi vestiti, emana un potere guaritore. Ecco che un vecchio, cieco dall'infanzia, grida dalla folla: "Signore, guariscimi e anche io ti vedrò", ed è come se una squama si staccasse dai suoi occhi e il vecchio Lo vede. Il popolo piange e bacia la terra da lui calpestata. I bambini gettano fiori al suo passaggio, cantano inni di lode: "Osanna!", "È lui, è proprio lui", ripetono tutti; "deve essere lui, non c'è nessuno uguale a lui". Egli si ferma sul sagrato della cattedrale di Siviglia nello stesso momento in cui stanno introducendo in chiesa, fra i pianti, una piccola bara infantile, bianca; è scoperta: vi giace una bambina di sette anni, figlia unica di un notabile cittadino. Il corpicino morto è tutto ricoperto di fiori. "Egli resusciterà la tua bimba", grida la folla alla madre in lacrime. Il prete, uscito incontro alla bara, guarda con aria perplessa e aggrotta la fronte. Ma ecco che si leva l'urlo della madre della bambina defunta. Lei si getta ai suoi piedi e dice: "Se sei davvero tu, resuscita la mia bimba!" grida protendendo le braccia verso di lui. La processione si ferma, poggiano la piccola bara sul sagrato, ai suoi piedi. Egli la guarda con compassione e le sue labbra sussurrano ancora una volta: "*Talitha kumi*", "alzati fanciulla". La bambina si solleva nella bara, si siede e si guarda attorno sorridendo e con gli occhietti spalancati per la meraviglia. Fra le mani ha il mazzolino di rose bianche con cui giaceva nella bara. Fra il popolo prorompono grida, singhiozzi, confusione ed ecco che in quel preciso istante passa accanto alla cattedrale, per la piazza, il cardinale grande inquisitore in persona. È un vecchio di quasi novant'anni, alto e diritto, con il volto avvizzito e gli occhi incavati, dai quali però ancora risplende uno sprazzo di luce, come una scintilla. Non indossa i sontuosi paramenti cardinalizi che aveva sfoggiato il giorno prima davanti al popolo, quando aveva appiccato il fuoco ai nemici della fede di Roma, no, in quel momento indossa soltanto la sua vecchia e rozza tonaca monacale. Lo seguono, a una certa distanza, i suoi tetri collaboratori, i suoi servi, e la "santa" guardia. Egli si ferma dinanzi alla folla e osserva da lontano. Ha visto tutto: ha visto come poggiavano la bara dinanzi ai suoi piedi e come ha resuscitato la bambina; il suo viso si è incupito. Tiene aggrottate le folte ciglia bianche e nel suo sguardo brilla un bagliore sinistro. Fa cenno col dito e ordina alle guardie di prenderlo. Ed ecco che, tanto è il suo potere, a tal punto il popolo è ammaestrato, sottomesso e ubbidiente ai suoi ordini, che la folla si apre in un baleno

dinanzi alle guardie e quelle, fra il silenzio di tomba calato all'improvviso, pongono le mani su di lui e lo portano via. La folla intera, al pari di un uomo solo, in un baleno inchina la testa fino al suolo davanti al vecchio inquisitore; questi, senza dire una parola, benedice la folla e le passa accanto. Le guardie conducono il prigioniero nell'angusta e cupa prigione del vecchio palazzo del Santo Tribunale e lo chiudono a chiave. Passa il giorno, scende la buia, calda e "irrespirabile" notte sivigliana. L'aria "odora di limoni e alloro". Nelle tenebre profonde si apre all'improvviso la porta di ferro della prigione, e il vecchio grande inquisitore in persona, con una lampada in mano, entra lentamente nella prigione. Egli è solo, la porta dietro di lui si richiude immediatamente. Egli si ferma accanto all'ingresso e scruta a lungo, un minuto o forse due, il viso di lui. Finalmente, si avvicina piano piano, poggia la lampada sul tavolo e gli dice:
"Sei tu? Sei proprio tu?" Ma, senza aspettare la risposta, aggiunge subito: "Non rispondere, taci. E poi che cosa potresti dirmi? Lo so già quello che mi diresti. E poi non hai nemmeno il diritto di aggiungere nulla a ciò che da te è stato detto in precedenza. Perché sei venuto a disturbarci? Giacché sei venuto per disturbarci e lo sai bene. Non sai che cosa accadrà domani? Io non so chi tu sia e non voglio sapere se sei tu o soltanto una parvenza di lui, ma domani stesso ti condannerò e ti farò bruciare al rogo come il peggiore degli eretici, e quello stesso popolo che oggi ha baciato i tuoi piedi, domani a un mio piccolo cenno si precipiterà ad ammucchiare braci al tuo rogo, lo sai questo? Sì, forse lo sai", soggiunse assorto nei suoi pensieri ma senza staccare per un attimo lo sguardo dal suo prigioniero».

«Ivan, non capisco proprio, ma che cosa vuol dire?», disse Alëša dopo aver ascoltato tutto questo in silenzio. «È pura fantasia oppure una specie di errore da parte del vecchio, una sorta di inconcepibile *qui pro quo*?»

«Prendi per buona la seconda ipotesi», disse Ivan ridendo, «se sei già così viziato dal realismo contemporaneo da non poter ammettere nulla di fantastico: vuoi che sia un *qui pro quo*? E allora vada per il *qui pro quo*. È vero», soggiunse ridendo ancora, «il vecchio aveva novant'anni e gli poteva essere andato di volta il cervello con quella sua idea. Poteva anche essere rimasto colpito dalle sembianze del prigioniero. Oppure, infine, poteva trattarsi di delirio, dell'allucinazione di un vecchio novantenne in punto di morte, esaltato per giunta dall'autodafé di un centinaio di eretici arsi il giorno prima. Ma non fa lo stesso per noi che sia un *qui pro quo* o pura fantasia? Quello che conta qui è che il vecchio sente il bisogno di esprimersi ad alta voce, che finalmente dopo novant'anni egli si esprime e dica ad alta voce quello su cui ha taciuto per tutti quei novant'anni».

«E anche il prigioniero tace? Lo guarda e non gli dice una parola?»

«Ma questo è addirittura inevitabile», scoppiò a ridere nuovamente Ivan. «Il vecchio stesso ha detto che egli non ha nemmeno il diritto di aggiungere altro a quello che è stato già detto. Se vuoi, è proprio questa la caratteristica fondamentale del cattolicesimo romano, o per lo meno, a me sembra che esso dica: "Tu hai trasmesso tutto nelle mani del papa, dunque tutto si trova ancora nelle mani del papa, quindi adesso non stare a ritornare, non disturbarci, per il momento, almeno". Con questi intenti non solo parlano, ma scrivono anche, i gesuiti per lo meno. L'ho letto io stesso nelle opere dei loro teologi. "Hai tu il diritto di rivelarci anche uno solo dei misteri di quel mondo dal quale provieni?" gli domanda il mio vecchio e risponde al posto suo: "No, non ne hai il diritto perché nulla deve essere aggiunto a quello che in precedenza è stato detto, perché in nessun modo venga sottratta agli uomini quella libertà alla quale tanto tenevi quando eri su questa terra. Tutto quello che di nuovo dichiarerai, minerà la libertà di fede degli uomini, giacché apparirà come un miracolo, mentre la loro libertà di fede ti era più cara di tutto già millecinquecento anni fa. Non dicevi spesso: 'Voglio rendervi liberi?' Adesso hai visto come sono i tuoi uomini 'liberi'", soggiunse il vecchio con un sogghigno pensoso. "Sì, questa faccenda ci è costata cara", prosegue guardandolo con severità, "ma noi abbiamo portato a termine questa faccenda nel tuo nome. Per quindici secoli siamo stati tormentati da questa libertà, ma adesso è finita per sempre. Non lo credi che è finita per sempre? Mi guardi con dolcezza e non mi degni neanche della tua indignazione? Ma sappi che adesso, anche oggi, quella gente è convinta più che mai di essere completamente libera, e intanto essi stessi ci hanno portato la loro libertà e l'hanno deposta umilmente ai nostri piedi. Ma questo l'abbiamo fatto noi: era questo che volevi, era questa la tua libertà?"»

«Ancora una volta non mi è chiaro», lo interruppe Alëša, «ma sta ironizzando, lo prende forse in giro?»

«Nient'affatto. Rivendica come merito proprio e del clero il fatto di aver finalmente sconfitto la libertà e di averlo fatto per rendere gli uomini liberi. "Giacché solo adesso (e qui chiaramente sta parlando dell'Inquisizione) è diventato possibile pensare per la prima volta alla felicità degli uomini. L'uomo è stato creato ribelle; ma i ribelli possono mai essere felici? Tu eri stato avvisato", gli dice, "non ti sono mancati ammonimenti e avvertimenti, ma tu non hai dato ascolto a quegli avvertimenti, tu hai respinto l'unico modo nel quale l'uomo poteva essere reso felice, ma per fortuna, quando sei andato via, hai passato ogni cosa nelle nostre mani. Tu hai fatto una promessa, tu l'hai confermata con la tua parola, tu hai conferito a noi il diritto di fare e disfare e ora, naturalmente, non puoi neanche pensare di toglierci questo diritto. Perché sei venuto a disturbarci?"»

«E cosa vuol dire: "non ti sono mancati ammonimenti e avvertimenti"?» domandò Alëša.

«Questo costituisce il punto fondamentale di ciò che il vecchio vuole esprimere. "Lo spirito terribile e acuto, lo spirito dell'autodistruzione e della non-esistenza", prosegue il vecchio, "il sublime spirito ha parlato con te nel deserto e nelle Scritture ci viene tramandato che egli ti avrebbe 'tentato'. È vero questo? E ci può essere niente di più vero di quello che ti annunciò in quelle tre domande, quello che tu rifiutasti e che nelle Scritture porta il nome di 'tentazioni'? Eppure, se sulla terra c'è mai stato un autentico possente miracolo, quello ebbe luogo proprio quel giorno, il giorno delle tre tentazioni. Il fatto stesso che quelle tre domande siano state formulate costituisce il vero miracolo. Se fosse possibile immaginare, solo per il gusto di fare un'ipotesi e a mo' di esempio, che quelle tre domande del terribile spirito fossero svanite senza lasciare traccia nelle Scritture e che quindi bisognasse rimpiazzarle, inventarle e crearle *ex novo*, per reinserirle nelle Scritture, e se a questo scopo si riunissero tutti i saggi della terra, governanti, sommi sacerdoti, scienziati, poeti, e ad essi si affidasse il seguente compito: pensate, inventate tre domande che, non solo siano consone alla portata dell'evento, ma soprattutto esprimano, in tre parole, in sole tre frasi umane, tutta la futura storia del mondo e dell'umanità, pensi che tutta la saggezza del mondo messa insieme potrebbe escogitare qualcosa di simile, in potenza e profondità, a quelle tre domande che ti vennero realmente poste quel giorno nel deserto dallo spirito potente e acuto? Bastano quelle tre domande, basta il miracolo che quelle domande siano state formulate per capire che abbiamo a che fare non certo con la labile mente umana, ma con l'eterno, l'assoluto. Poiché in quelle tre domande tutta la storia successiva dell'umanità viene come predetta e fusa in un unico insieme; in esse sono rivelate le tre forme nelle quali convergeranno tutte le insolubili contraddizioni storiche della natura umana su tutta la terra. A quel tempo ciò non poteva essere molto evidente, giacché il futuro era ignoto, ma ora che sono passati quindici secoli, noi vediamo che in quelle tre domande era stato tutto così indovinato e predetto, e così realizzato che ad esse non si può aggiungere né sottrarre nulla.

Giudica da te chi ha ragione: tu oppure chi ti poneva le domande? Ricorda la prima domanda: anche se non proprio alla lettera il suo senso era questo: 'Tu vuoi andare nel mondo e ci vai a mani vuote, con una certa promessa di libertà che essi, nella loro semplicità e innata sregolatezza, non possono nemmeno concepire, una libertà che temono e paventano, giacché non c'è mai stato nulla di più insopportabile, per l'uomo e per la società umana, della libertà! Ma le vedi quelle pietre in questo spoglio deserto arroventato? Trasformale in pani e l'umanità correrà dietro di te come un gregge, riconoscente e sottomesso, sebbene eternamente in ansia che tu possa ritirare la mano e negarle il pane.' Ma tu non volesti privare l'uomo della sua libertà e rifiutasti la proposta pensando: che libertà può essere quella comprata con il pane? Replicasti che l'uomo non vive di solo pane. Ma lo sai che per amore di quel pane terreno lo spirito della terra si solleverà contro di te, combatterà contro di te e ti sconfiggerà e tutti lo seguiranno gridando: 'Chi può stare alla pari con questa bestia, essa ci ha dato il fuoco tolto dal cielo!' Non lo sai che le ere passeranno e l'umanità proclamerà, per bocca dei suoi saggi e scienziati, che il delitto non esiste e che dunque non esiste il peccato, ma esistono soltanto gli affamati? 'Da' da mangiare agli uomini e poi chiedi loro la virtù!': ecco che cosa scriveranno sul vessillo che innalzeranno contro di te e con il quale la tua Chiesa sarà distrutta. Al posto della tua Chiesa sarà innalzato un nuovo edificio, sarà nuovamente innalzata la terribile torre di Babele e, sebbene anche questa costruzione non sarà portata a termine, come la precedente, tu comunque avresti potuto evitare questa nuova torre e accorciare le sofferenze degli uomini di mille anni, giacché sarà da noi che essi verranno dopo essersi tormentati mille anni intorno alla loro torre! Ci cercheranno di nuovo quando saremo nascosti, sotto terra, nelle catacombe (giacché verremo nuovamente perseguitati e torturati), ci troveranno e ci invocheranno: 'Sfamateci, giacché coloro che ci hanno promesso il fuoco del cielo, non ce l'hanno dato.' E allora noi finiremo di costruire la loro torre, giacché solo colui che li sfamerà porterà a termine la costruzione, e saremo solo noi a sfamarli, nel tuo nome, e mentiremo quando diremo che è nel tuo nome. Oh, senza di noi, non riusciranno mai, mai a sfamarsi! Non c'è scienza che possa dare loro il pane finché essi rimarranno liberi; ma andrà a finire che essi porteranno la loro libertà ai nostri piedi e ci diranno: 'Fateci pure vostri schiavi, ma sfamateci.' Finalmente capiranno da soli che la libertà e il pane terreno a sufficienza per tutti sono inconcepibili insieme, giacché mai, dico mai, essi saranno in grado di fare parti uguali! Si convinceranno pure che non potranno mai essere liberi giacché sono deboli, viziosi, inetti e ribelli. Tu hai promesso loro il pane celeste ma, te lo ripeto ancora una volta, potrà esso mai stare alla pari con il pane terreno agli occhi della debole, razza umana, eternamente viziosa e eternamente ignobile? E se pure, in nome del pane celeste, ti seguiranno a migliaia e decine di migliaia, che ne sarà dei milioni e delle decine di migliaia di milioni di esseri che non avranno la forza di trascurare il pane terreno per quello celeste? Oppure ti sono care soltanto le decine di migliaia di grandi e forti, mentre i rimanenti milioni di deboli, innumerevoli come i granelli della sabbia del mare, ma che pure ti amano, devono servire solo da materiale per quelli grandi e forti? No, a noi sono cari anche i deboli. Essi sono viziosi e ribelli, ma alla fine anche loro diverranno ubbidienti. Essi si meraviglieranno di noi e ci guarderanno come dèi per il fatto che noi, assumendo la loro guida, abbiamo accettato di portare il fardello della loro libertà e di governarli: ecco fino che punto sarà diventato orribile per loro essere liberi! Ma noi diremo di essere i tuoi servi e di governare nel Tuo nome. Noi li inganneremo ancora una volta, giacché non permetteremo più che tu venga da noi. E questo inganno sarà anche la nostra sofferenza, giacché noi saremo costretti a mentire. Ecco il significato di quella prima domanda nel deserto ed ecco ciò a cui tu rinunciasti in nome di quella libertà che ponesti al di sopra di ogni cosa. E invece in quella domanda si racchiudeva il grande segreto di questo mondo. Scegliendo 'i pani', tu avresti dato una risposta all'ansia comune e eterna dell'umanità, sia di ciascun singolo individuo sia dell'intera compagine umana, l'ansia che si riassume nella domanda: 'chi venerare?'. La preoccupazione più assillante e tormentosa per l'uomo, fintanto che rimane libero, è quella di trovare al più presto qualcuno da venerare. Ma l'uomo vuole venerare qualcosa di inconfutabile, tanto inconfutabile che tutti gli uomini acconsentano immediatamente a venerarlo insieme. Giacché la preoccupazione di questi poveri esseri consiste non solo nel trovare qualcosa che uno o l'altro possano venerare, ma trovare quel qualcosa in cui tutti credano e che tutti venerino; la condizione essenziale è che si sia assolutamente *tutti insieme*. Ecco, questa esigenza di *comunione* nella venerazione è il principale tormento di ogni uomo, preso singolarmente, come dell'intera umanità, dall'inizio dei secoli. Per questa comune venerazione essi si sono trucidati fra loro a colpi di spada. Essi hanno creato dèi e si sono sfidati l'un l'altro: 'Gettate via i vostri dèi e venite a venerare i nostri, altrimenti sarà la morte per voi e per i vostri dèi!' E così sarà fino alla fine del mondo, persino quando anche gli dèi saranno scomparsi dalla faccia della terra: allora cadranno in ginocchio davanti agli idoli. Tu lo sapevi, non potevi non conoscere questo fondamentale segreto della natura umana, eppure rifiutasti l'unico infallibile vessillo che ti veniva offerto per costringere l'umanità a venerarti incondizionatamente, il vessillo del pane terreno, e lo rifiutasti in nome della libertà e del pane celeste. Guarda che cos'altro hai fatto tu. E tutto sempre in nome della libertà! Ti dico che per l'uomo non c'è assillo più tormentoso di quello di trovare qualcuno al quale trasmettere al più presto quel dono della libertà con il quale il disgraziato essere viene al mondo. Ma solo chi acquieta la coscienza degli uomini può dominare la loro libertà. Con il pane ti veniva dato un vessillo inconfutabile: dagli il pane e l'uomo si inchina, giacché non v'è nulla di più inconfutabile del pane, ma se qualcun altro al di fuori di te s'impadronisce della sua coscienza, allora getterà via il tuo pane e seguirà l'altro. In questo avevi ragione. Giacché il segreto dell'esistenza umana non è vivere per vivere, ma avere qualcosa per cui vivere. Se l'uomo non ha ben fermo dinanzi a sé il fine per cui vive, non accetterà di continuare a vivere e distruggerà se stesso piuttosto che rimanere sulla terra, anche se avesse pane in abbondanza.

Ma ora cos'è accaduto? Invece di assumere il dominio della libertà degli uomini, tu hai reso quella libertà ancora più grande! Oppure hai dimenticato che all'uomo la pace, e persino la morte, sono più care della libertà di scelta nella conoscenza del bene e del male? Nulla è più seducente per l'uomo della libertà di coscienza, ma, nel contempo, non c'è nulla che per lui sia più tormentoso. Ed ecco che, invece di solidi principi per acquietare la coscienza degli uomini una volta per tutte, tu hai scelto tutto ciò che di più insolito, vago ed enigmatico possa esistere, hai preso tutto ciò che è superiore alle forze dell'uomo e hai finito con l'agire come se non amassi affatto gli uomini, proprio tu che eri venuto a donare la tua vita per loro! Invece di assumere il dominio della libertà umana, tu l'hai accresciuta e hai sovraccaricato con i suoi tormenti il regno spirituale dell'uomo, per sempre. Tu hai desiderato il libero amore da parte dell'uomo, hai desiderato che egli venisse spontaneamente a te, attirato e catturato da te. Invece di attenersi alla rigida antica legge, l'uomo, da allora in poi ha dovuto decidere da solo, con il cuore libero, quale fosse il bene e il male, avendo unicamente la tua immagine come guida davanti a sé; ma ignoravi forse che alla fine egli avrebbe rigettato e messo in discussione persino la tua immagine e la tua verità, se fosse stato schiacciato da un fardello così spaventoso come il libero arbitrio? Ignoravi che gli uomini alla fine avrebbero gridato che non in te è la verità, giacché non avrebbero potuto essere abbandonati in uno stato di confusione e tormento peggiore di quello che hai causato, lasciando sulle loro spalle tanti affanni e tanti problemi senza risposta? Così facendo tu stesso hai posto le basi per la distruzione del regno tuo e non puoi biasimare nessuno più di te stesso.

E invece che cosa ti veniva offerto? Ci sono tre poteri, solo tre poteri sulla terra che possono sconfiggere e soggiogare per sempre la coscienza di questi deboli ribelli e renderli felici; essi sono: il miracolo, il mistero e l'autorità. Tu rifiutasti il primo, il secondo e il terzo e ne desti l'esempio per primo. Quando il terribile e saggissimo spirito ti pose sul pinnacolo del tempio e ti disse: 'Se vuoi sapere se sei Figlio di Dio, gettati di sotto, poiché di lui sta scritto che gli angeli lo afferreranno e lo sosterranno affinché egli non cada e non urti, allora saprai se sei Figlio di Dio, e darai prova di quanto è grande la tua fede nel padre tuo', tu, ascoltata la proposta, la rifiutasti, non cedesti e non ti gettasti di sotto. Oh certo, agisti con magnifico orgoglio, come un vero Dio, ma gli uomini, la debole schiatta ribelle, sono forse essi dèi? Oh, tu in quel momento comprendesti che se avessi fatto un passo, se solo avessi accennato il gesto di buttarti di sotto, in quello stesso momento avresti tentato Dio e avresti perso tutta la tua fede in lui, e ti saresti schiantato in pezzi su quella stessa terra che eri venuto a salvare e l'acuto spirito che ti aveva tentato se ne sarebbe rallegrato. Ma torno a ripetere: sono molti quelli come te? E potresti davvero immaginare, anche solo per un attimo, che pure gli uomini sarebbero in grado di affrontare una simile tentazione? La natura umana è forse fatta in modo da rifiutare il miracolo e, nei terribili momenti della vita, nei momenti delle più decisive e tormentose crisi spirituali, rimanere solo con il libero verdetto del proprio cuore? Oh, tu sapevi che il tuo gesto sarebbe stato conservato nelle Scritture, sapevi che sarebbe stato tramandato a tempi remoti e ai confini estremi della terra e tu hai sperato che, seguendo il tuo esempio, l'uomo sarebbe rimasto con Dio, e non avrebbe avuto bisogno del miracolo. Quello che non sapevi è che nel momento in cui l'uomo avesse rifiutato il miracolo, immediatamente avrebbe rifiutato anche Dio, giacché l'uomo cerca non tanto Dio, quanto i miracoli. E dal momento che l'uomo non è in grado di rimanere privo di miracoli, egli si sarebbe creato da sé miracoli nuovi, con le proprie forze questa volta, e si sarebbe inginocchiato dinanzi al miracolo del ciarlatano, alla magia della fattucchiera, pur rimanendo cento volte ribelle, eretico e miscredente. Tu non scendesti dalla croce quando ti gridavano per ingiuria e per beffa: 'Scendi dalla croce e allora crederemo che sia tu.' Tu non scendesti allora, perché ancora una volta non volesti rendere schiavo l'uomo con il miracolo e anelavi alla fede libera, svincolata dal miracolo. Bramavi l'amore spontaneo e non gli entusiasmi servili dello schiavo dinanzi al potente che lo ha atterrito una volta per tutte. Ma anche in quel caso hai sopravvalutato gli uomini, giacché, infatti, essi sono schiavi per quanto creati ribelli. Guardati intorno e giudica da te come sono passati questi quindici secoli, da' un'occhiata ai tuoi uomini: chi si è innalzato sino al tuo livello? L'uomo ha una natura più debole e più vile di quello che tu credevi, te lo giuro! È forse egli in grado di fare quello che hai fatto tu? Dando prova di cotanta stima per lui, hai agito come se non ne avessi più compassione, perché hai preteso troppo, e questo proprio tu, che hai amato gli uomini più di te stesso! Se avessi avuto meno stima dell'uomo, avresti anche preteso di meno, e in questo saresti stato più vicino all'amore, giacché il fardello sarebbe stato più leggero. L'uomo è debole e vile. Che importa che ora, dappertutto, gli uomini si ribellino contro il nostro potere e siano fieri di ribellarsi? È una fierezza da ragazzino, da scolaretto. Sono come i ragazzini che fanno chiasso in classe e cacciano via il maestro. Ma anche questo entusiasmo da ragazzini avrà fine e costerà loro caro. Essi abbatteranno templi e inzupperanno la terra di sangue. Ma alla fine capiranno, gli stupidi ragazzini, che anche se sono ribelli, sono dei ribelli deboli, che non reggono il peso della loro stessa ribellione. Grondanti delle loro stupide lacrime, riconosceranno infine che chi li ha creati ribelli aveva senza dubbio voluto prendersi gioco di loro. Ammetteranno questo nella disperazione e le loro parole saranno blasfeme e questo li renderà ancora più infelici, giacché la natura umana non tollera la bestemmia e finisce col vendicarla a proprie spese.

Così, oggi, l'inquietudine, la confusione e l'infelicità sono il fardello degli uomini dopo che tu hai tanto patito per la loro libertà! Il tuo grande profeta dice, in visione e per immagini, di aver visto tutti i partecipanti alla prima resurrezione, dodicimila eletti per ciascuna tribù. Ma sebbene fossero tanti, essi devono essere stati senza dubbio una specie di dèi, e non uomini. Essi hanno portato la tua croce, hanno sopportato decine di anni di deserto sterile e brullo, cibandosi di locuste e radici, e tu puoi davvero additare con orgoglio questi tuoi figli della libertà, del libero amore, del sacrificio spontaneo e sublime in nome tuo. Ma ricorda che erano solo qualche migliaio e per di più dèi, e tutti gli altri? Che colpa hanno tutti gli altri, uomini deboli, se non hanno potuto sopportare quello che hanno sopportato i forti? Che colpa ha l'anima debole se non ha avuto la forza di accogliere doni così tremendi? Può essere vero che tu sia venuto solo dagli eletti e per gli eletti? Ma se è così, questo è un mistero e noi non possiamo capirlo. E se di mistero si tratta, allora anche noi abbiamo diritto a professare il mistero e a insegnare loro che non è il libero arbitrio dei loro cuori a contare, non è l'amore, ma il mistero al quale devono sottomettersi ciecamente, quasi a dispetto della loro stessa coscienza. E così abbiamo fatto.

Noi abbiamo rettificato la tua opera e l'abbiamo fondata *sul miracolo, il mistero e l'autorità*. E gli uomini si sono rallegrati di essere guidati nuovamente come un gregge, si sono rallegrati che qualcuno avesse finalmente tolto dal loro cuore un dono così terribile che aveva causato loro tanto tormento. Abbiamo fatto bene ad insegnare questo e a comportarci in questo modo? Rispondi. Non abbiamo forse amato l'umanità, riconoscendo con tanta umiltà la sua debolezza, alleggerendo con tanto amore il suo fardello e permettendo alla sua debole natura persino di peccare, ma sempre con il nostro consenso? Perché sei venuto a disturbarci adesso? E che hai da guardarmi con quei tuoi occhi miti e penetranti, senza dire una parola? Adirati, io non voglio il tuo amore perché sono io il primo a non amare te. A che servirebbe nascondere a te la verità? O forse non so con chi sto parlando? Quello che ho da dirti lo conosci già alla perfezione, lo leggo dai tuoi occhi. Sta forse a me nasconderti il nostro segreto? O forse vuoi proprio sentirlo dalle mie labbra: noi non siamo con te, noi siamo *con lui*, ecco il nostro segreto. È da molto tempo che non siamo più con te, ma *con lui*, da otto secoli. Esattamente otto secoli fa, abbiamo accettato da lui quello che tu rifiutasti con indignazione, quell'ultimo dono che egli ti offriva mostrandoti tutti i regni della terra: da lui abbiamo accettato Roma e la spada di Cesare e ci siamo proclamati sovrani della terra, gli unici sovrani della terra, anche se da allora non siamo ancora riusciti a portare a termine la nostra opera.

Ma di chi è la colpa? Oh, per ora la nostra opera è soltanto agli inizi, ma ha pur sempre avuto inizio. Dovremo aspettare a lungo perché sia completata, e la terra ha ancora molte sofferenze da patire, ma noi raggiungeremo la nostra meta e diverremo Cesari e allora provvederemo alla felicità universale degli uomini. Ma avresti potuto prendere tu allora la spada di Cesare. Perché rifiutasti anche quell'ultimo dono? Accettando quel terzo consiglio dello spirito potente, avresti esaudito ogni desiderio dell'uomo sulla terra: avere qualcuno da venerare, qualcuno a cui affidare la propria coscienza, e un modo per unire tutti in un inconfutabile, comune e armonioso formicaio, giacché l'esigenza di un'unione universale è il terzo e ultimo tormento dell'uomo. L'umanità nel suo complesso ha sempre mirato a organizzarsi in uno stato che fosse necessariamente universale. Ci sono stati molti grandi popoli con una grande storia alle spalle, ma più questi popoli erano evoluti, tanto più erano infelici, giacché avvertivano con maggiore consapevolezza degli altri l'esigenza di unione universale degli uomini. I grandi conquistatori, i Tamerlani e i Gengis Khan, hanno imperversato come uragani sulla terra nel tentativo di conquistare l'universo, ma anche loro hanno espresso, seppure inconsapevolmente, quella stessa imperiosa esigenza dell'umanità di un'unione comune e universale. Se tu avessi accettato il mondo e la porpora di Cesare, avresti

fondato il regno universale e avresti dato la pace universale. Giacché a chi tocca dominare gli uomini, se non a coloro che ne dominano la coscienza e nelle cui mani si trovano i loro pani? Noi abbiamo accettato la spada di Cesare e accettandola, naturalmente, abbiamo rinnegato te per seguire *lui*. Oh, ci aspettano ancora secoli di eccessi del libero pensiero, di scienza e antropofagia, poiché avendo essi cominciato ad innalzare la loro torre di Babele senza di noi, essi finiranno con l'antropofagia. Ma verrà il tempo in cui la bestia striscerà da noi e ci leccherà i piedi e li spruzzerà con le lacrime di sangue dei suoi occhi. E noi saliremo in groppa alla bestia e innalzeremo il calice con la scritta: 'Mistero!' Allora, solo allora, avrà inizio per gli uomini il regno della pace e della felicità.
Tu vai fiero dei tuoi eletti, ma tu hai solo quelli, mentre noi daremo la pace a tutti. E inoltre: quanti di quegli eletti, di quei forti che avrebbero potuto divenire eletti, si saranno finalmente stancati di aspettare te? E quanti di loro hanno portato, o stanno portando, le forze del loro spirito e il fervore del loro cuore in un altro campo, finendo per innalzare il loro vessillo *di libertà* contro di te? Ma tu stesso hai innalzato quel vessillo. Da noi, invece, tutti saranno felici e non si ribelleranno né si trucideranno più, come fanno con la tua libertà, per tutta la terra. Oh, noi li convinceremo che diventeranno liberi solo quando avranno rinunciato alla loro libertà per noi e si saranno assoggettati a noi. Mentiremo o diremo il vero? Si convinceranno da sé che diciamo il vero, giacché ricorderanno gli orrori di schiavitù e confusione ai quali ha condotto la tua libertà. La libertà, il libero pensiero e la scienza li condurrà in labirinti così intricati e li porrà faccia a faccia con tali miracoli e misteri insolubili che alcuni di loro, indomiti e violenti, si suicideranno; altri, indomiti ma fiacchi, si uccideranno l'uno con l'altro, e i rimanenti, deboli e infelici, struseranno ai nostri piedi e inneggeranno a noi: 'Sì, avevate ragione, solo voi siete depositari del suo mistero, e noi torniamo a voi, salvateci da noi stessi'. Quando riceveranno da noi i pani, essi vedranno

chiaramente che noi prendiamo i loro stessi pani, i pani fatti dalle loro mani per distribuirli a loro, senza operare alcun miracolo, essi vedranno che non abbiamo trasformato le pietre in pani, ma in verità saranno più contenti di ricevere il pane dalle nostre mani che del pane in se stesso! Giacché ricorderanno sin troppo bene che in passato, senza di noi, i pani che producevano si trasformavano in pietre nelle loro mani, mentre, dopo essersi rivolti a noi, quelle stesse pietre si sono trasformate in pani nelle loro mani. Apprezzeranno molto, moltissimo cosa significa assoggettarsi per sempre! Fino a che gli uomini non avranno capito questo, saranno infelici. Chi più di tutti ha contribuito a questa incomprensione? Rispondi. Chi ha disperso il gregge e lo ha sparpagliato per sentieri sconosciuti? Ma il gregge si riunirà nuovamente e si sottometterà ancora una volta e questa volta per sempre. Allora noi daremo agli uomini la tranquilla, umile felicità degli esseri deboli, quali essi sono per natura. Oh, noi li indurremo finalmente a non essere orgogliosi, giacché tu li innalzasti e quindi insegnasti loro ad essere orgogliosi; invece noi dimostreremo che sono deboli, che sono soltanto dei poveri bambini, ma che la loro felicità infantile è la più dolce di tutte. Essi diverranno timidi, ci seguiranno con gli occhi e si stringeranno intorno a noi, come pulcini alla chioccia. Essi si stupiranno di noi, avranno timore di noi e saranno fieri perché noi siamo così forti e intelligenti da ammansire un gregge così turbolento, di migliaia di milioni. Essi tremeranno impotenti dinanzi alla nostra ira, le loro menti diverranno pavide, i loro occhi facili al pianto, come quelli delle donne e dei bambini, ma ad un nostro segno saranno ugualmente pronti a passare all'allegria e al riso, alla gioia spensierata e alle allegre canzoncine infantili. Sì, noi li costringeremo a lavorare, ma nelle ore di riposo noi organizzeremo la loro vita come un gioco di bimbi, con canzoncine, cori, danze innocenti. Oh, noi permetteremo persino che essi commettano peccato, sono creature così deboli e fragili, ed essi ci ameranno come bambini per il fatto che noi permetteremo loro di peccare.

Noi diremo loro che qualsiasi peccato sarà espiato a patto che venga compiuto con il nostro permesso; e noi permetteremo loro di peccare perché li amiamo e ci accolleremo la punizione per questi loro peccati. Ci accolleremo la punizione e loro ci adoreranno come i benefattori che hanno assunto su di sé il peso dei loro peccati davanti a Dio. E non avranno nessun segreto per noi. Noi permetteremo o vieteremo loro di vivere con mogli e amanti, di avere o non avere figli, tutto secondo la loro docilità, e loro ubbidiranno con gioia e allegria. Anche i segreti più tormentosi della loro coscienza, tutto, tutto essi ci riferiranno e noi troveremo una soluzione per tutto e loro confideranno nella nostra soluzione con gioia, poiché essa libererà loro dal grande assillo e dalle tremende pene che adesso patiscono per giungere a una decisione libera, personale. E tutti saranno felici, milioni di esseri, tranne le centinaia di migliaia che li governano. Giacché noi, soltanto noi, che conserveremo il segreto, soltanto noi saremo infelici. Ci saranno mille milioni di bambini felici e centomila martiri che hanno preso su di sé la maledetta conoscenza del bene e del male. Essi moriranno tranquilli, si spegneranno tranquilli nel tuo nome, e oltre la tomba non troveranno null'altro che la morte. E noi custodiremo il segreto e, per il loro stesso bene, li trarremo in inganno con la promessa della ricompensa eterna e celeste. Giacché se anche ci fosse qualcosa nell'aldilà, non sarebbe certo riservato a persone come loro. Dicono e profetizzano che tornerai ancora vittorioso, tornerai con i tuoi eletti, con i tuoi forti e orgogliosi, ma noi diremo che essi hanno salvato solo se stessi, mentre noi abbiamo salvato tutti. Dicono che sarà svergognata la meretrice che sta in groppa alla bestia e che tiene in mano il *mistero*, che i deboli insorgeranno di nuovo, lacereranno la sua porpora e denuderanno il suo ripugnante corpo. Allora io mi alzerò e ti indicherò le migliaia di milioni di bambini felici che non conoscono il peccato. E noi, che ci saremo accollati il loro peccato per la loro felicità, ci leveremo dinanzi a te dicendo: 'Condannaci, se puoi e se osi'. Sappi che non ti

temo. Sappi che anche io sono stato nel deserto, anche io mi sono cibato di locuste e radici, anche io ho benedetto la libertà con la quale tu avevi benedetto gli uomini, anche io ho tentato di entrare nel novero dei tuoi eletti, nel novero dei potenti e dei forti che anelano a 'colmare il numero'. Ma ho aperto gli occhi e non ho voluto servire la follia. Sono tornato sui miei passi e mi sono unito alle fila di coloro che *hanno rettificato l'opera tua*. Mi sono allontanato dagli orgogliosi e sono tornato fra gli umili per la felicità di questi umili. Quello che ti dico, si avvererà e il nostro regno sarà edificato. Te lo ripeto: domani vedrai il docile gregge che a un mio piccolo cenno si lancerà ad ammucchiare carboni ardenti al rogo sul quale ti farò bruciare per essere venuto a disturbarci. Perché se mai c'è stato qualcuno che meritasse più di tutti il nostro rogo, quello sei tu. Domani ti farò bruciare. *Dixi*"».
Ivan tacque. Durante il racconto si era infervorato e aveva parlato con trasporto. Ma quando ebbe terminato, inaspettatamente, sorrise. Alëša aveva ascoltato in silenzio, ma verso la fine, in preda a forte agitazione, aveva più volte accennato a interrompere il fratello; poi, evidentemente, si era trattenuto, ma adesso sbottò come di scatto.
«Ma questa... questa è un'assurdità!», gridò arrossendo. «Il tuo poema è un inno di lode a Gesù, non una denigrazione... come volevi che fosse. E chi ti crede, quando parli della libertà? È forse questo, questo il modo di intenderla? Non è questa la concezione che ne ha la Chiesa ortodossa... Quella è Roma e neppure l'intera Roma, è la parte peggiore del cattolicesimo, gli inquisitori, i gesuiti!... E poi non può esistere un personaggio così fantastico come il tuo inquisitore. Quali sarebbero i peccati degli uomini che ha preso su di sé? Chi sono questi depositari del mistero che si sarebbero accollati una specie di maledizione per la felicità degli uomini? Dove si sono mai visti? Conosciamo i gesuiti, di loro si dicono tante cose cattive, ma sono davvero come li descrivi tu? Nient'affatto, non sono affatto così... Sono soltanto l'esercito romano che combatte per fondare su questa terra il futuro regno

universale, con il papa romano in testa in qualità di imperatore... ecco il loro ideale, ma senza tanti misteri o nobili afflizioni da parte loro... È pura e semplice ambizione di potere, di vili vantaggi terreni, di asservimento... qualcosa di simile a una futura servitù della gleba, con loro che fanno da proprietari terrieri... ecco quello che vogliono, niente di più. Essi non credono neanche in Dio, forse. Il tuo inquisitore sofferente è pura fantasia...»

«Aspetta, aspetta», disse Ivan ridendo. «Come te la prendi! Fantasia, dici? Ammettiamo che sia così! Sì, è fantasia. Ma permettimi di domandarti: pensi davvero che tutto questo movimento cattolico degli ultimi secoli si riduca esclusivamente ad ambizione di potere per il conseguimento dei vantaggi più vili? È stato forse padre Paisij a insegnarti questo?»

«No, no, al contrario, padre Paisij una volta ha detto qualcosa di simile a quello che hai detto tu... ma certo non proprio esattamente quello, anzi tutt'altra cosa», si corresse in fretta Alëša.

«Un'informazione preziosa, malgrado il tuo "tutt'altra cosa". Ti domando: perché mai i tuoi gesuiti e inquisitori si sarebbero uniti esclusivamente per il conseguimento di sordidi vantaggi materiali? Perché mai tra di loro non potrebbe esistere un martire oppresso da una nobile afflizione e amante dell'umanità? Vedi, supponi soltanto che esista una persona così fra tutti coloro che non desiderano altro che il conseguimento di vili vantaggi materiali, che esista una sola persona come il mio vecchio inquisitore, uno che abbia mangiato le radici nel deserto e si sia accanito nella mortificazione della carne per rendere se stesso libero e perfetto, una persona che abbia, però, nel contempo, amato l'umanità per tutta la vita e che di colpo abbia aperto gli occhi e abbia visto che non è poi una grande beatitudine morale raggiungere la perfezione della volontà, se allo stesso tempo ci si convince che milioni di altre creature di Dio sono state create solo per beffa, che essi non avranno mai la forza di stare all'altezza della propria libertà, che da poveri ribelli, quali essi sono, non potranno mai nascere giganti in grado di portare a termine la torre, e che non è stato per simili oche che il supremo idealista ha sognato la sua armonia. Accortosi di tutto questo, egli è tornato sui suoi passi e si è unito... alla gente di cervello. Non poteva forse accadere una cosa del genere?»

«A chi si sarebbe unito? Di quale gente di cervello parli?», gridò Alëša quasi adirato. «Nessuno di loro ha un simile cervello, né simili misteri o segreti di alcun genere... Forse sono soltanto atei, ecco il loro gran segreto. Il tuo inquisitore non crede in Dio, ecco in che consiste tutto il suo segreto!»

«E se fosse proprio così? Finalmente ci sei arrivato. Ed è proprio così, proprio in questo consiste tutto il suo segreto, ma non è forse anche questa una sofferenza, se non altro per un uomo come lui, che ha sacrificato la vita intera nella grande impresa del deserto e non è mai riuscito a guarire dall'amore per l'umanità? Al tramonto della sua vita, egli perviene al convincimento che soltanto i consigli del grande e tremendo spirito potrebbero garantire, in qualche modo, un ordine tollerabile per i deboli ribelli, per quelle "creature incompiute, sperimentali, create per beffa". E quindi, convintosi di questo, egli capisce che deve seguire l'indicazione dello spirito acuto, del tremendo spirito della morte e della distruzione, e quindi accettare la menzogna e l'inganno e condurre gli uomini, consapevolmente questa volta, verso la morte e la distruzione, ingannandoli però per tutto il percorso, affinché non si accorgano dove vengono condotti e, almeno durante il percorso, questi poveri ciechi si illudano di essere felici. E nota bene che l'inganno viene perpetrato nel nome di colui, nel cui ideale il vecchio ha creduto con tanta passione per tutta la vita! Non è forse questa infelicità? E se soltanto uno di questi uomini si trovasse a capo dell'esercito "che ambisce al potere per il mero conseguimento di vili vantaggi", non sarebbe sufficiente anche uno solo come lui per provocare una tragedia? Non solo: basterebbe che un solo uomo del genere si trovasse in una posizione di comando, perché diventasse evidente infine l'autentica idea guida dell'intera organizzazione romana con tutti i suoi eserciti e i suoi gesuiti, l'idea superiore di questa organizzazione. Non te lo nascondo: io credo fermamente che non sia mancato mai un uomo del genere tra coloro che guidavano il movimento. Chi lo sa, forse anche tra i papi di Roma ci sono state persone così. Chi lo sa, forse quel maledetto vecchio, che amava l'umanità in un modo così tenace e peculiare, esiste anche adesso sotto le spoglie di un'intera schiera di simili vegliardi solitari, e non è certo un caso, ma esiste un accordo, una società segreta, istituita ormai da tempo per custodire il segreto, per tenerlo nascosto agli uomini, deboli e disgraziati, allo scopo di renderli felici. Non c'è dubbio che sia così e così deve essere. Mi verrebbe da pensare che anche la massoneria abbia alla base qualcosa di simile a quel mistero e che questo possa essere il motivo per cui i cattolici odiano tanto i massoni, perché in loro vedono degli avversari che minacciano l'unità della loro idea, quando invece dovrebbe esserci un unico gregge e un unico pastore... Ma difendendo così la mia idea, faccio la figura dell'autore che non tollera la tua critica. Basta così».

«Forse anche tu sei un massone!», sfuggì ad Alëša. «Tu non credi in Dio», aggiunse, ma adesso era profondamente triste, gli era sembrato addirittura che il fratello lo guardasse con ironia. «Come va a finire il tuo poema?», gli domandò poi all'improvviso con lo sguardo basso, «o è finito così?»

«Vorrei dargli questa conclusione: quando l'inquisitore termina di parlare, aspetta per un po' di tempo che il prigioniero gli risponda. Gli pesa il silenzio di lui. Egli si è accorto di come il carcerato lo abbia ascoltato con attenzione, tranquillamente, guardandolo dritto negli occhi e, evidentemente, senza alcuna intenzione di replicare. Il vecchio avrebbe voluto che quello gli dicesse qualcosa, per quanto amara e tremenda potesse essere. Egli invece si avvicina lentamente al vecchio e lo bacia piano sulle esangui labbra di novantenne. Ecco, è questa tutta la sua risposta. Il vecchio sussulta. Un leggero fremito gli contrae gli angoli della bocca, egli va alla porta, la apre e gli dice: "Va' via e non tornare più... non tornare più... mai, mai più!" E lo lascia andare "nelle scure piazze della città". Il prigioniero scompare».

«E il vecchio?»

«Il bacio gli brucia nel cuore, ma il vecchio rimane fedele alla sua idea».

«E tu insieme a lui, vero?», esclamò Alëša con accento addolorato. Ivan scoppiò a ridere.

«Ma questa è proprio un'assurdità, Alëša, è solo un poema balordo di un balordo studente che non ha mai messo insieme due versi. Perché prendi tutto così sul serio? Non penserai mica che adesso io vada direttamente dai gesuiti per unirmi alla schiera di coloro che rettificano l'opera sua? Dio mio, non è cosa per me! Te l'ho già detto: voglio tirare a campare sino ai trent'anni e poi... giù il calice per terra!»

«E le foglioline vischiose, le care tombe, il cielo azzurro e la donna amata! Come farai a vivere? Con quale forza potrai amarli?», esclamò Alëša addolorato. «È forse possibile amare e vivere con un simile inferno nel cuore e nella mente? No, tu stai andando proprio in quella direzione per unirti a loro... e se non lo farai, ti ucciderai, ma non riuscirai a sopportare!»

«Esiste una forza che sopporterà tutto!», disse Ivan, ormai con un freddo sogghigno.

«Quale?»

«La forza... dei Karamazov, la forza dell'abiezione dei Karamazov!»

«Affondare nella depravazione, soffocare l'anima nella corruzione, è questo che vuoi dire, vero?»

«Forse è anche questo... ma forse fino ai trent'anni riuscirò a evitarlo, e poi...»

«Come farai a evitarlo? Con che cosa l'eviterai? Non è possibile, con le tue idee».

«Alla maniera dei Karamazov, ancora una volta».

«Vuoi dire che "tutto è permesso"? Tutto è permesso, non

è vero, non è vero?»

Ivan si accigliò e impallidì in modo strano.

«Ah, hai afferrato quelle paroline di ieri che tanto hanno offeso Miusov... e che il fratello Dmitrij ha colto al volo e perifrasato così ingenuamente?», disse sorridendo con una smorfia. «Sì, se vuoi: "tutto è permesso", dal momento che quelle parole sono state già pronunciate. Non le rinnego. E anche la versione di Miten'ka non è male».

Alëša lo guardava in silenzio.

«Io, fratello, partendo pensavo di non avere altri che te al mondo», prese a dire Ivan con improvviso sentimento, «mentre adesso vedo che neppure nel tuo cuore c'è posto per me, mio caro eremita. Non rinnego la formula "tutto è permesso", e tu, rinnegherai me per questo?»

Alëša si alzò, si avvicinò al fratello e lo baciò piano sulle labbra in silenzio.

«Plagio letterario!», gridò Ivan passando all'improvviso a una sorta di esaltazione. «L'hai rubato dal mio poema! Grazie, comunque. Alzati, Alëša, andiamo, è ora di andare per tutti e due».

Uscirono, ma si fermarono sul terrazzino d'ingresso della trattoria.

«Ecco che ti dico, Alëša», disse Ivan con voce ferma, «se avrò abbastanza energia per le foglioline vischiose, allora le amerò ricordando te. Mi basta che tu sia da qualche parte e la voglia di vivere non mi passerà. Sei contento adesso? Se vuoi, prendila per una dichiarazione d'amore. Ma adesso, tu per la tua strada e io per la mia, e basta così, hai capito? Basta così. Cioè, se domani non partissi (ma credo che partirò sicuramente) e ci capitasse di incontrarci di nuovo, non fare più parola con me di questi argomenti. Te ne prego caldamente, e anche in merito al fratello Dmitrij, te ne prego in particolar modo, non dire più una parola», aggiunse in tono irritato. «L'argomento è esaurito, tutto è stato già detto, non è forse così? E da parte mia anche io ti farò una promessa: all'età di trent'anni, quando mi verrà voglia di "gettare il calice giù per terra", verrò ancora una volta a parlare con te, dovunque io sia... fosse anche

dall'America, ricordatelo. Verrò apposta per questo. Sarà anche molto interessante darti un'occhiatina per vedere come sarai diventato. Come vedi, è una promessa solenne. E davvero ci stiamo dicendo addio per sette, dieci anni, chi lo sa. Va' pure adesso dal tuo *Pater Seraphicus*, visto che sta per morire; se dovesse morire senza di te, per favore, non serbarmi rancore per averti trattenuto. Arrivederci, dammi ancora un bacio, ecco, così e adesso va'...»
Ivan si voltò di scatto e si avviò per la sua strada senza più girarsi. In modo simile il fratello Dmitrij, il giorno prima, si era allontanato da Alëša, anche se le circostanze erano molto diverse. Questa strana osservazione attraversò come un fulmine la mente addolorata di Alëša, addolorata e triste in quel momento. Egli si trattenne per un po' seguendo il fratello con lo sguardo. Notò all'improvviso, chissà come, che il fratello Ivan oscillava leggermente nel camminare, e che la spalla destra, guardandola da dietro, sembrava più bassa della sinistra. Non lo aveva mai notato prima. Poi si voltò anche lui, di scatto, e s'avviò quasi di corsa alla volta del monastero. Era quasi buio e avvertiva un senso di paura; una sensazione nuova stava crescendo dentro di lui, una sensazione della quale non riusciva a rendersi pienamente conto. S'era alzato il vento, come la sera prima, il vento e i pini secolari stormivano cupamente intorno a lui, quando entrò nel boschetto dell'eremo. Stava quasi correndo. "*Pater Seraphicus*, l'avrà tratta da qualche parte questa definizione, ma da dove?", balenò in mente ad Alëša. "Ivan, povero Ivan, quando ti rivedrò ancora? Ecco l'eremo, o Signore! Sì, sì, è lui, è il *Pater Seraphicus*, egli mi salverà... da lui e per sempre!"
In seguito gli capitò parecchie volte nella vita di provare grande stupore ricordando che, dopo aver salutato Ivan, egli aveva completamente dimenticato il fratello Dmitrij, sebbene quella mattina, solo alcune ore prima, si fosse proposto di trovarlo assolutamente e di non andare via fino a quando non lo avesse trovato, anche a costo di non tornare al monastero per quella notte.

Lightning Source UK Ltd.
Milton Keynes UK
UKHW020803140422
401564UK00009B/489